SARAH SCHOCKE

Couscous
BULGUR & CO.

Getreide-Power pur:
die besten Rezepte mit den
beliebtesten Alleskörnern

ALLE REZEPTE

Buntes Bowl-
Glück zum Löffeln

AUF EINEN BLICK

Erinnert an die Milchschnitte, ist aber viel gesünder!

 Titelrezept

KÖRNERPARADE

Couscous, Bulgur und Co. machen dem Reis Konkurrenz und bringen dabei noch jede Menge Nährstoffe mit. Coucous ist zudem total unkompliziert: mit kochendem Wasser aufgießen, quellen lassen, fertig! Das schafft jede Menge neue Möglichkeiten für die schnelle, gesunde Küche.

COUSCOUS

stammt aus Nordafrika und ist dort so beliebt wie hier die Kartoffel. Meist ist Couscous zu kleinen Kugeln zerriebener Hartweizengrieß; es gibt ihn aber auch auf Basis von Hirse oder Gerste. Der Name hört sich an wie „Kuss Kuss". Und tatsächlich sind viele in die kleinen Körner verliebt, denn sie sind im Handumdrehen zubereitet: Entweder kommt Couscous in eine Schale, wird mit der doppelten Menge kochendem Wasser (aus dem Wasserkocher) übergossen und dann abgedeckt 10 Minuten in Ruhe gelassen, damit er quellen kann. Oder – das ist die Variante für alle, die das Getreide fluffig-locker mögen – man gibt den Couscous in ein Sieb, hängt dieses über eine Schale und gießt reichlich kochendes Wasser darüber. Auch dann heißt es: 10 Minuten quellen lassen, fertig!

TREIBEN SIE'S BUNT

Die kleinen Körner müssen nicht immer in Wasser garen. Farbe ins Spiel bringen Gemüsesäfte: Möhren- oder Rote-Bete-Saft färbt Couscous und Co. kräftig bunt ein. Kokosmilch hingegen bringt eine exotische Geschmacksnote und Cremigkeit mit. Oder wie wäre es mit grünem Matchatee? Der hat dann gleich noch einen Hallo-wach-Effekt.

BULGUR

ist wie Couscous zerkleinertes Getreide (oft auf Weizenbasis) und wird ebenfalls mit Wärme vorbehandelt. Für manche Gerichte muss man ihn daher nur noch quellen lassen – ein Vorteil für fixe Gesund-Gerichte. Aber auch sonst ist Bulgur von der schnellen Truppe: in der doppelten Menge Wasser 10 Minuten köcheln lassen, fertig!

QUINOA

stammt aus Südamerika und gehört dort zu den Grundnahrungsmitteln. Die Pflanze zählt zu den sogenannten Pseudogetreiden und ist glutenfrei. Sie punktet mit einem hohen Gehalt an Eiweiß, essenziellen Aminosäuren, Magnesium und Eisen. Quinoa muss vor dem Verzehr unter fließendem heißem Wasser gründlich abgespült werden, um die Bitterstoffe zu reduzieren. Dann 10 Minuten kochen und anschließend 10 Minuten quellen lassen.

HIRSE

zählt zu den ältesten Getreidesorten und kommt vor allem in Nordafrika und Asien vor. Sie ist reich an Eisen, enthält zudem Fluor und Magnesium und ist ebenfalls glutenfrei. Hirse ist in rohem Zustand gesundheitsgefährdend. Daher wird sie in der doppelten Menge Wasser einmal aufgekocht, dann lässt man sie 10 Minuten köcheln und danach 10 Minuten ausquellen.

AMARANT

wird vorrangig in Mittel- und Südamerika angebaut. Das Pseudogetreide, auch Inkaweizen genannt, ist glutenfrei, reich an Eisen, Calcium und Zink. Amarant wird in der dreifachen Menge Wasser aufgekocht und köchelt dann 30 Minuten. Wer geduldig ist, lässt ihn dann noch 10–20 Minuten quellen. Amarant schmeckt kräftig nussig und eignet sich vor allem für Porridge und Co., aber auch als Suppeneinlage.

QUINOA-BOWL

Quinoa-Körner sind echte Powerpakete – perfekt für einen „kernigen" Kickstart am Morgen. Da kann man den Tag dann schon beim Frühstück loben …

2
PERSONEN

10
MIN. ZUBEREITUNG
+ 10 MIN. KOCHEN
+ 10 MIN. QUELLEN

260
KCAL PRO PORTION

ZUTATEN

75 g Quinoa, ¼ l Mandeldrink, 150 g Erdbeeren (frisch oder TK), 15 g Honig, ½ EL Kakaopulver, ½ kleine reife Mango, 1 EL gepuffte Quinoa

QUINOA KOCHEN

- ⇨ Die Quinoa in einem Sieb unter fließendem heißem Wasser gründlich waschen und anschließend abtropfen lassen.
- ⇨ Mit 150 ml Mandeldrink in einem Topf aufkochen und zugedeckt bei schwacher Hitze 10 Min. köcheln lassen.
- ⇨ Den Topf vom Herd nehmen und die Quinoa 10 Min. ausquellen lassen.

with love

FEIN PÜRIEREN →

Die Quinoa mit dem restlichen Mandeldrink, 125 g Erdbeeren (frische Beeren vorher putzen und waschen) und dem Honig mit dem Stabmixer glatt pürieren.

BOWL STYLEN

- ⇨ Die Quinoa-Masse auf zwei Schalen verteilen und je zur Hälfte mit Kakaopulver bestäuben.
- ⇨ Die Mango schälen, das Fruchtfleisch zuerst vom Stein und anschließend in dünne Spalten schneiden.
- ⇨ Die Bowl mit Mango, den restlichen Erdbeeren und gepuffter Quinoa anrichten.

AMARANT-PORRIDGE

mit Himbeeren

Heute gibt's mal Mädchenfrühstück: rosafarbener, cremiger Amarant mit Himbeeren.
Und für den Hallo-wach-Effekt sorgt fruchtig-saure Maracuja als Topping.

2
PERSONEN

10
MIN. ZUBEREITUNG
+ 30 MIN. KOCHEN

320
KCAL PRO PORTION

ZUTATEN

100 g Amarant, 200 ml Milch, 2 Msp. Vanillepulver, ½ TL Zucker,
100 g Himbeeren (TK), 2 Maracujas (oder Weiße bzw. Rote Johannisbeeren)

ES IST KÖCHELZEIT

➥ Den Amarant in einem feinen Sieb unter fließendem heißem Wasser waschen und kurz
abtropfen lassen.

➥ Mit Milch, Vanille, Zucker und 200 ml Wasser
in einem Topf aufkochen und zugedeckt bei
schwacher Hitze 30 Min. köcheln lassen.

ES WIRD ROSA

Dann 50 g Himbeeren zur Amarant-Masse
geben und alles mit dem Stabmixer
cremig pürieren.

ES WIRD FRUCHTIG

➥ Den Amarant auf zwei Schalen verteilen und
die restlichen Himbeeren daraufgeben.

➥ Die Maracujas halbieren, das Fruchtfleisch
mit einem Löffel herauslösen und ebenfalls
auf dem Amarant anrichten.

QUINOA-TOFU-BOWL

mit Roter Bete

Eine Schüssel voll Glück verspricht diese Quinoa-Bowl – und neigt damit zum Understatement.
Denn neben Glück werden hier noch reichlich Vitamine und Mineralstoffe serviert.

2
PERSONEN

25
MIN. ZUBEREITUNG

540
KCAL PRO PORTION

ZUTATEN

150 g Quinoa, ½ Brokkoli (ca. 250 g), 100 g Physalis (oder ¼ Mango), 1 kleine Rote Bete,
100 g Räuchertofu, 2 Frühlingszwiebeln, ½ Bio-Limette, 150 g Naturjoghurt, 2 TL Chiliöl
(oder Olivenöl), 1 Knoblauchzehe, Salz

SO GEHT QUINOA

Quinoa in einem Sieb unter fließendem heißem Wasser gründlich waschen. Mit 300 ml Wasser in einem Topf aufkochen und zugedeckt bei schwacher Hitze 10 Min. köcheln lassen. Dann auf der ausgeschalteten Platte 10 Min. ausquellen lassen.

GEMÜSE PUTZEN

➥ Inzwischen den Brokkoli putzen, waschen, in Röschen teilen und in kochendem Wasser 3 Min. blanchieren. In ein Sieb abgießen, kalt abschrecken und abtropfen lassen.
➥ Die Physalis von den Hüllblättern befreien. Die Früchte waschen, trocken tupfen und jeweils halbieren.
➥ Die Rote Bete schälen und in feine Stifte schneiden. Den Tofu ebenfalls in feine Stifte schneiden. Frühlingszwiebeln putzen, waschen und schräg in feine Scheiben schneiden.

DRESS ON

➥ Die Limette waschen und trocken reiben, die Schale abreiben und den Saft auspressen. Die Limettenschale über der Bowl verteilen. Den Saft mit Joghurt und Öl verrühren. Knoblauch schälen, dazupressen und unterrühren. Das Dressing mit Salz würzen.
➥ Die Quinoa auf zwei Schalen verteilen und den Brokkoli, die Physalis, die Rote Bete, den Tofu und die Frühlingszwiebeln darauf anrichten. Das Dressing darübergeben.

ROSENKOHL-BOWL

mit Bohnen und Joghurt

Vom altbackenen Wintergemüse zur Geheimzutat der Hipster: Rosenkohl macht Karriere und zeigt, was er kann – zum Beispiel einem grünen Schüsselgericht den letzten Kick geben.

2
PERSONEN

30
MIN. ZUBEREITUNG

480
KCAL PRO PORTION

ZUTATEN

100 g Bulgur, Salz, 200 g Rosenkohl, 1 kleine rote Zwiebel, ¼ Salatgurke,
25 g Feldsalat (oder Postelein), 25 g Sprossen (z. B. Radieschen- oder Rettichsprossen),
100 g weiße Bohnen (aus der Dose, abgetropft), 2 EL Öl, 100 g griech. Joghurt,
20 g Agavendicksaft, ½ TL Wasabipaste, Saft von ½ Limette

GUT VORARBEITEN

➡ Bulgur mit 200 ml Salzwasser in einem Topf aufkochen und zugedeckt bei schwacher Hitze 10 Min. garen.

➡ Inzwischen die Rosenkohlröschen putzen, waschen und jeweils vierteln. Die Zwiebel schälen, halbieren und in feine Halbringe schneiden. Die Gurke waschen, längs halbieren, entkernen und auf dem Gemüsehobel in feine Scheiben schneiden.

➡ Den Salat verlesen, waschen und trocken schütteln. Sprossen und Bohnen jeweils in einem Sieb abbrausen und gut abtropfen lassen.

AB IN PFANNE

Das Öl in einer Pfanne erhitzen und den Rosenkohl darin bei mittlerer bis starker Hitze unter gelegentlichem Rühren 5 Min. anbraten, dabei in der letzten Minute die Zwiebelringe mitbraten.

HÜBSCH ANRICHTEN

➡ Joghurt, Agavendicksaft, Wasabipaste, Limettensaft und ½ TL Salz in einem Rührbecher gut verrühren.

➡ Bulgur auf zwei Schalen verteilen. Rosenkohl, Zwiebel, Gurke, Bohnen, Salat und Sprossen darauf anrichten und mit dem Dressing beträufeln.

BUSHI

mit Mango und Gurke

Sushi-Liebhaber aufgepasst: Statt Reis gibt es Bulgur und der ist auch noch pink.
Damit es farblich richtig knallt, sind zudem Gurke und Mango mit von der Partie.

2
PERSONEN

25
MIN. ZUBEREITUNG

360
KCAL PRO PORTION

ZUTATEN

100 g Bulgur, 200 ml Rote-Bete-Saft, 60 g Salatgurke, 80 g Räuchertofu, 60 g Mango-
fruchtfleisch, 20 g Radieschensprossen, 1 TL Reisessig, 2 EL Frischkäse, Salz, Zucker,
2 Noriblätter (Algenblätter), 2 TL Sesamsamen, 4 EL Sojasauce, ½ TL Wasabipaste

FÄRBEN, BITTE!

➡ Den Bulgur mit dem Rote-Bete-Saft in einem Topf aufkochen und zugedeckt bei schwacher Hitze 10 Min. köcheln lassen.

➡ Inzwischen die Gurke waschen, längs halbieren, entkernen und längs in ca. ½ cm breite Streifen schneiden. Tofu und Mango jeweils in ½ cm breite Streifen schneiden. Sprossen in einem Sieb abbrausen und gut abtropfen lassen.

➡ Reisessig und Frischkäse unter den Bulgur rühren, mit Salz und 1 Prise Zucker würzen.

GUT GEWICKELT →

Noriblätter jeweils in der Mitte halbieren. 1 Blatthälfte horizontal auf eine Sushi-Matte legen, auf den unteren zwei Dritteln des Blattes ein Viertel Bulgur-Masse locker verteilen. Je ein Viertel der Gurken-, Tofu- und Mangostreifen mittig darauf platzieren und mit ½ TL Sesam bestreuen. Das Blatt eng aufrollen. Übrige Zutaten auf die gleiche Weise zu 3 weiteren Rollen verarbeiten.

Wasabi gibt dem Dip den Extrakick Würze

CUT & DIP

➡ Die Rollen in etwa 2 cm lange Stücke schneiden, auf eine Platte setzen und mit den Sprossen garnieren.

➡ Die Sojasauce mit dem Wasabi gut verrühren. Den Dip zu den Bushi reichen.

GLÜCKSROLLEN

mit Sanddorn-Mayonnaise

Hier sind junges Gemüse und Bulgur völlig von der Rolle. Dazu wird Sanddorn-Mayonnaise zum Dippen gereicht. Schmeckt lecker und macht rundum glücklich!

2 PERSONEN

30 MIN. ZUBEREITUNG

630 KCAL PRO PORTION

ZUTATEN

100 g Bulgur, Salz, 80 g Erbsen (frisch gepalt oder TK), 1 große rote Zwiebel, 75 ml Apfelessig, 25 g Zucker, 100 g Radieschen, 2 Handvoll Babyspinat, 25 g Radieschensprossen, 50 g Mayonnaise, 25 ml Sanddornsaft, 6 Reispapierblätter (à 22 cm Ø)

TÖPFE AUF DEN HERD

- ➡ Bulgur mit 200 ml Salzwasser aufkochen, zugedeckt bei schwacher Hitze 10 Min. köcheln lassen.
- ➡ Die Erbsen in Salzwasser 1 Min. blanchieren, in ein Sieb abgießen, abschrecken und abtropfen lassen.
- ➡ Zwiebel schälen, halbieren und in feine Halbringe schneiden. Ein Viertel der Zwiebelringe beiseitestellen. Übrige Zwiebel mit Essig, Zucker und etwas Salz in einem kleinen Topf aufkochen, dann zugedeckt bei schwacher Hitze 10 Min. ziehen lasse

ZEIT NUTZEN

- ➡ Die Radieschen putzen, waschen und in feine Scheiben hobeln.
- ➡ Den Spinat waschen und trocken schütteln.
- ➡ Radieschensprossen in einem Sieb abbrausen und abtropfen lassen.
- ➡ Mayonnaise mit Sanddornsaft glatt rühren und mit Salz abschmecken.

GLÜCKLICH ROLLEN

Etwas heißes Wasser auf einen flachen Teller geben. Nacheinander 6 Rollen herstellen: Dafür jeweils 1 Reispapierblatt kurz einweichen, dann auf ein Brett legen. Mittig mit einigen Radieschenscheiben und Spinatblättern belegen. 2 EL Bulgur darauf verteilen, ein paar Erbsen daraufsetzen. Einige süßsaure und frische Zwiebelringe darauf verteilen, mit Sprossen bestreuen. Die Seiten rechts und links über der Füllung einschlagen. Die Blätter von unten nach oben fest einrollen. Mit der Mayonnaise servieren.

Einfach clever: Legen Sie das klebrige Reispapierblatt zum Füllen auf Backpapier; davon löst es sich beim Rollen besonders leicht ab.

PAK-CHOI-LÖFFEL

mit Sauerkraut

Pak Choi schmeckt auch roh hervorragend. Da sich die Blattstiele gut als kleine Löffel eignen, haben wir sie mit Curry-Kraut gefüllt und servieren sie als Fingerfood.

2
PERSONEN

30
MIN. ZUBEREITUNG

220
KCAL PRO PORTION

ZUTATEN

3–4 Mini-Pak-Choi, 1 Frühlingszwiebel, 200 g Sauerkraut, 100 g Couscous, 1 TL rote Currypaste, 2 EL geröstetes Sesamöl, 1 EL Limettensaft, ½ TL Salz

LÖFFEL BAUEN

➥ Von den Pak Choi die grünen Blätter abschneiden und in feine Streifen scheiden. Die weißen Stiele nacheinander vorsichtig vom Strunk abziehen, das werden die Löffel für das Sauerkraut. Pak-Choi-Streifen und -„Löffel" nacheinander waschen und trocken schütteln.

➥ Die Frühlingszwiebel putzen, waschen und schräg in feine Ringe schneiden. Das Sauerkraut in einem Sieb abtropfen lassen, dabei den Saft auffangen.

HOT & SPICY

➥ Couscous in einer Schüssel mit 200 ml kochend heißem Wasser übergießen und abgedeckt ca. 10 Min. quellen lassen.

➥ Den Sauerkrautsaft mit der Currypaste in einem Topf aufkochen. Das Sauerkraut dazugeben und 3 Min. erhitzen.

➥ Öl mit Limettensaft und Salz gut verrühren. Die Frühlingszwiebel und die Pak-Choi-Streifen damit marinieren.

AN DIE LÖFFEL!

Die Pak-Choi-„Löffel" auf einer großen Platte oder zwei Tellern kreisrund anordnen und das Sauerkraut darin anrichten. Den Couscous in der Mitte der Platte verteilen und den marinierten Pak Choi daraufgeben.

HIRSESALAT

mit Feta-Bällchen

Einfach eine runde Sache: Rotkohl, Spinat und feine Käsebällchen sorgen dafür, dass der Körnersalat optisch ein Hit ist. Lecker ist er natürlich auch, keine Frage!

2
PERSONEN

25
MIN. ZUBEREITUNG

500
KCAL PRO PORTION

ZUTATEN

100 g Hirse, Salz, ½ TL gemahlene Kurkuma, 40 g Babyspinat, 100 g Rotkohl, 15 g Pistazienkerne (geröstet und gesalzen), ½ Bio-Limette, 100 g Feta (Schafskäse), ½ EL Agavendicksaft, 1 Msp. Chilipulver, 2 EL Rapsöl

GAREN UND QUELLEN

Die Hirse in einem Sieb unter fließendem heißem Wasser gründlich waschen und anschließend kurz abtropfen lassen. Mit 200 ml Wasser, ½ TL Salz und Kurkuma in einem Topf aufkochen und zugedeckt bei schwacher Hitze 5 Min. köcheln lassen. Vom Herd nehmen und 10 Min. ausquellen lassen.

JETZT GEHT'S LOS

➡ Inzwischen den Spinat waschen, trocken schütteln und in Streifen schneiden.
➡ Den Rotkohl waschen und in feine Streifen hobeln.
➡ Die Pistazienkerne im Blitzhacker fein zerkleinern.
➡ Die Limette heiß waschen und trocken reiben, die Schale abreiben und den Saft auspressen. Limettenschale und Pistazien in einem Schälchen mischen.
➡ Den Feta mit 5–6 EL Wasser in eine Schüssel geben und mit einer Gabel zu einer glatten Masse zerdrücken. Die Masse zu 12 Bällchen formen und diese in der Pistazien-Masse wälzen.

DAS FINISH

➡ Für das Dressing Agavendicksaft, Limettensaft, Chilipulver und Öl verrühren. Das Dressing unter die Hirse mischen.
➡ Die Hirse auf zwei Schalen verteilen. Spinat, Kohlstreifen und Feta-Bällchen darauf anrichten.

Keine Lust auf Rotkohl? Alternativ bringen gelbe oder rote Paprika ebenfalls Frische und Farbe in den Salat.

BULGURSALAT

mit Kichererbsen

Eine feine Creme aus gebackenen Auberginen, Sesammus und Granatapfelsaft ist bei diesem Salat der Clou. Zugegeben: etwas aufwendiger, aber eine echte Überraschung!

2
PERSONEN

30
MIN. ZUBEREITUNG

360
KCAL PRO PORTION

ZUTATEN

½ Aubergine, 1 kleine rote Zwiebel, 1 Knoblauchzehe, 100 g Cocktailtomaten, 2 TL Olivenöl, ½ Bund Petersilie, ½ Granatapfel, 100 g Bulgur, Salz, 1 Msp. Chilipulver, 1 TL Tahin (Sesammus), 125 g Kichererbsen (aus der Dose, abgetropft)

AB IN DEN OFEN

Backofen auf 250 °C vorheizen, ein Backblech mit Backpapier auslegen. Die Aubergine waschen, trocken reiben und längs halbieren. Die Hälften mit den Schnittflächen nach unten auf das Blech legen und im Ofen (Mitte) 20–25 Min. weich garen.

DIE FEINARBEIT

⇒ Inzwischen die Zwiebel schälen und in feine Ringe schneiden. Knoblauch schälen und fein hacken. Die Tomaten waschen, mit der Zwiebel, dem Knoblauch und 1 TL Öl vermischen. Die Mischung nach 10 Min. Garzeit zur Aubergine in den Ofen geben und mitgaren.

⇒ Die Petersilie waschen und trocken schütteln, die Blätter abzupfen und fein hacken. Aus der Granatapfelhälfte die Kerne herauslösen, dabei den Saft auffangen.

⇒ Den Bulgur mit 200 ml Wasser und ½ TL Salz in einem Topf aufkochen und dann zugedeckt bei schwacher Hitze 10 Min. köcheln lassen.

SO SCHÖN BUNT HIER

⇒ Auberginenfleisch mit einem Löffel aus der Schale lösen. Mit Chilipulver, ½ TL Salz, restlichem Öl, Tahin und aufgefangenem Granatapfelsaft in einem Rührbecher mit dem Stabmixer glatt pürieren.

⇒ Die Auberginencreme mit dem Bulgur mischen und auf einer Platte anrichten.

⇒ Die Kichererbsen in einem Sieb abbrausen, abtropfen lassen und über dem Bulgur verteilen. Tomaten-Zwiebel-Mischung und Petersilie darauf anrichten und mit Granatapfelkernen bestreuen.

BUNTER HIRSESALAT

mit Feigen und Rotkohl

Orangefarbene Hirse, grüner Salat und lila Kohl – dieser farbenfrohe Salat lässt uns an laue Septembernächte denken, wenn der Sommer sich langsam verabschiedet ...

2 PERSONEN

20 MIN. ZUBEREITUNG

460 KCAL PRO PORTION

ZUTATEN

100 g Hirse, 200 ml Möhrensaft, ½ TL Salz, ½ TL Kreuzkümmel, 2 Msp. Chilipulver, 1 Bio-Zitrone, 200 g Rotkohl, 1 Handvoll Pflücksalat, 150 g eingelegter Feta (Schafskäse mit Kräutern), 1 Feige

HIRSE FÄRBEN

Hirse in einem Sieb unter fließendem heißem Wasser waschen und kurz abtropfen lassen. Mit Möhrensaft, Salz, Kreuzkümmel und Chili in einem Topf aufkochen und zugedeckt bei schwacher Hitze 10 Min. köcheln lassen. Topf vom Herd nehmen und die Hirse 10 Min. ausquellen lassen.

FIXER SALATMIX

➡ Inzwischen die Zitrone heiß waschen und trocken reiben, die Schale mit einem Zestenreißer in feinen Streifen abziehen. Die Zitrone halbieren und den Saft einer Hälfte auspressen.

➡ Den Rotkohl waschen und auf dem Gemüsehobel in feine Streifen schneiden.

➡ Den Salat waschen, trocken schütteln und in Streifen schneiden.

➡ Den Feta grob zerbröseln. Die Feige vorsichtig waschen und würfeln.

Doppelt frisch schmeckt besser: Zitronensaft und -zesten.

WAS FÜRS AUGE

➡ Den Zitronensaft unter die Hirse rühren und diese auf zwei Schalen verteilen. Rotkohlstreifen, Salat, Feta- und Feigenwürfel darauf anordnen.

➡ Salat mit Kräuteröl (vom Feta) beträufeln und mit Zitronenzesten bestreuen.

GEBRATENE AVOCADO

mit Couscous-Füllung

Feuer und Flamme für gegrillte Avocado? Dazu gibt es eine cremige Couscous-Füllung mit Kräutern und Ziegenkäse. Wer da nicht schwach wird …

2 PERSONEN

20 MIN. ZUBEREITUNG

370 KCAL PRO PORTION

ZUTATEN

50 g Couscous, 2 Avocados, 15 g glatte Petersilie, 15 g Schnittlauch, 75 g Ziegenfrischkäse, ½ TL Salz, 1 Handvoll Babyspinat

THE HEAT IS ON

➡ Den Couscous in einer Schüssel mit 100 ml kochend heißem Wasser übergießen und 10 Min. abgedeckt quellen lassen.

➡ Inzwischen Avocados halbieren und entkernen. Eine Grillpfanne erhitzen und die Avocadohälften darin bei mittlerer Hitze mit den Schnittflächen nach unten 5 Min. rösten. Dann mit den Schnittflächen nach oben auf die Arbeitsfläche setzen.

Die Bällchen schmecken mit allen Lieblingskräutern, z. B. Basilikum, Dill, Kresse ...

HACK 'N' ROLL

➡ Die Petersilie und den Schnittlauch waschen und trocken schütteln. Von der Petersilie die Blätter abzupfen und fein hacken, den Schnittlauch in feine Röllchen schneiden.

➡ Den Couscous mit Kräutern und Ziegenfrischkäse in einer Schüssel mischen. Die Masse mit Salz abschmecken, zu 4 Kugeln formen und diese in die Avocadohälften setzen.

GRÜNE SINFONIE

Den Babyspinat waschen, in Streifen schneiden und mit den Avocadohälften auf Tellern anrichten.

27

QUINOA-MINESTRONE

mit Zucchini und Pesto

Wenn der Sommer sich dem Ende neigt und die Nächte kühler werden, braucht man manchmal eine warme Suppe voller südlicher Aromen. Da wird es uns gleich warm ums Herz!

2
PERSONEN

15
MIN. ZUBEREITUNG
+ 20 MIN. KOCHEN

410
KCAL PRO PORTION

ZUTATEN

1 kleine Zwiebel, 1 kleine Zucchini, 1 kleine Möhre, 75 g Quinoa, 1 EL Öl,
400 g Tomatenstücke (aus der Dose), 200 ml Gemüsebrühe, 25 g Parmesan (am Stück),
2 EL grünes Pesto (z.B. Basilikumpesto)

SCHNIPP, SCHNAPP

⇨ Die Zwiebel schälen und fein würfeln.
⇨ Zucchini und Möhre putzen, waschen und in ½ cm große Würfel schneiden.
⇨ Die Quinoa in einem feinen Sieb gründlich unter fließendem heißem Wasser waschen.

BRUTZEL, BRUTZEL

Das Öl in einem Topf erhitzen und die Zwiebel darin glasig dünsten. Die Zucchini- und Möhrenwürfel dazugeben und etwa 2 Min. mitbraten. Mit den Tomaten und der Brühe ablöschen, die Quinoa dazugeben und alles zugedeckt bei schwacher Hitze 20 Min. köcheln lassen.

> Keine Lust auf Geschnippel?
> Die Zubereitung gelingt auch mit einer Tiefkühl-Gemüsemischung (diese vorher auftauen).

MMMHH, LECKER

⇨ Den Parmesan fein reiben.
⇨ Die Minestrone auf zwei tiefe Teller verteilen, mit Pesto beträufeln und mit Parmesan bestreuen.

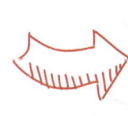

HIRSE-OMELETT

mit Spinat und Tomaten

Ein Omelett am Morgen vertreibt Hunger und Sorgen! In der Variante mit Hirse macht es lange satt und schmeckt auch mittags oder abends und sogar kalt, zum Beispiel im Büro.

2
PERSONEN

35
MIN. ZUBEREITUNG

590
KCAL PRO PORTION

ZUTATEN

100 g Hirse, 2 Handvoll Blattspinat, 1 kleine rote Zwiebel, 100 g Cocktailtomaten, 3 Eier, 100 g Sahne, ½ TL Salz, Pfeffer, 30 g Butter

HIRSE KOCHEN

Die Hirse in einem Sieb gründlich mit
fließendem heißem Wasser waschen. Mit
200 ml Wasser in einem Topf aufkochen
und zugedeckt bei schwacher Hitze
5 Min. köcheln lassen. Vom Herd nehmen
und vollständig auskühlen lassen.

KLEIN SCHNIPPELN

➭ Inzwischen den Spinat verlesen, waschen, von
   groben Stielen befreien und grob hacken.
➭ Die Zwiebel schälen, halbieren und in feine
   Halbringe schneiden.
➭ Die Tomaten waschen und halbieren.

AB IN DIE PFANNE

➭ Die Hirse mit Eiern, Sahne, Salz und etwas
   Pfeffer mischen.
➭ Die Butter in einer großen beschichteten
   Pfanne erhitzen, die Hirse-Masse hinein-
   geben. Den Spinat, die Zwiebel und die
   Tomaten darüberstreuen.
➭ Das Omelett zugedeckt bei schwacher
   Hitze 15–20 Min. stocken lassen. Zum
   Servieren in Tortenstücke schneiden.

COUSCOUS-PFLANZERL

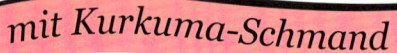

mit Kurkuma-Schmand

Quellen, braten, lecker: Die Veggie-Pattys mit Couscous und Haferflocken können in puncto Zubereitungszeit mit jeder Fertigmischung mithalten. Am besten die Zutaten immer im Vorrat haben!

2 PERSONEN

20 MIN. ZUBEREITUNG

710 KCAL PRO PORTION

ZUTATEN

100 g Couscous, 1 Zwiebel, 60 g zarte Haferflocken, 40 g Mehl, 4 EL Olivenöl, 2 TL getrocknete italien. Kräuter, Salz, 1 haselnussgroßes Stück Kurkuma (oder ½ TL gemahlene Kurkuma), 150 g Schmand, ½ TL flüssiger Honig, Pfeffer

FIX DEN TEIG

⇨ Den Couscous in einer Schüssel mit 200 ml kochend heißem Wasser übergießen und zugedeckt 10 Min. quellen lassen.

⇨ Inzwischen die Zwiebel schälen und sehr fein hacken.

⇨ Couscous mit Zwiebel, Haferflocken, Mehl, 2 EL Öl, Kräutern und ½ TL Salz mischen.

BRAUN BRATEN

Aus der Masse 8 runde, ca. 1 cm hohe Pflanzerl formen. Das restliche Öl in einer Pfanne erhitzen und die Pflanzerl darin portionsweise bei mittlerer Hitze auf jeder Seite 3 Min. goldbraun braten.

Die Couscous-Pflanzerl passen in die Brotzeitdose, auf den Burger oder zu einem knackigen Salat.

DIP & FERTIG

⇨ Die Kurkuma schälen und fein reiben. Mit dem Schmand und dem Honig mischen und die Masse mit Salz und Pfeffer abschmecken.

⇨ Den Kurkuma-Schmand mit den Couscous-Pflanzerln auf Tellern anrichten.

HIRSOTTO

mit Tomate und Rucola

Hier gibt's zur Abwechslung mal keinen Ri-, sondern einen Hirsotto! Der ist genauso cremig und lecker wie sein Verwandter, versorgt uns aber zusätzlich mit einer guten Portion Eisen.

2 PERSONEN

30 MIN. ZUBEREITUNG

430 KCAL PRO PORTION

ZUTATEN

100 g Hirse, 1 Schalotte, 1 Knoblauchzehe, 75 g getrocknete Tomaten, 1 EL Olivenöl, 150 ml trockener Rotwein, 200 ml Gemüsebrühe, 40 g Parmesan (am Stück), 125 g Cocktailtomaten, 20 g Rucola

ERST DIE HIRSE ...

➼ Die Hirse in einem Sieb unter fließendem heißem Wasser waschen und abtropfen lassen.

➼ Schalotte und Knoblauch schälen und fein hacken. Die getrockneten Tomaten in feine Würfel schneiden.

➼ Das Öl in einem Topf erhitzen, die Schalotte und den Knoblauch darin glasig andünsten.

➼ Wein und Brühe dazugeben und alles aufkochen.

➼ Getrocknete Tomatenwürfel und Hirse unterrühren, alles zugedeckt bei schwacher Hitze 5 Min. köcheln lassen. Dann auf der ausgeschalteten Herdplatte etwa 10 Min. ausquellen lassen.

... DANN DAS TOPPING

➼ Inzwischen den Parmesan fein reiben.

➼ Die Cocktailtomaten waschen, trocken tupfen und jeweils vierteln.

➼ Den Rucola verlesen, waschen, von den groben Stielen befreien, trocken schütteln und grob zerzupfen.

DAS GROSSE FINALE

Den Parmesan unter die Hirse heben. Das Hirsotto auf zwei tiefe Teller verteilen und mit den Tomatenvierteln und dem Rucola garnieren.

SÜSSKARTOFFEL-CURRY

mit Brokkoli

Wer sagt denn, dass zum Curry immer Reis gehört? Auch Bulgur passt wunderbar zu dem sämig-würzigen Gemüsegericht mit viel Sauce. Ein Seelenwärmer zum Glücklichessen!

2
PERSONEN

30
MIN. ZUBEREITUNG

870
KCAL PRO PORTION

ZUTATEN

600 g Süßkartoffeln, 1 Brokkoli (ca. 500 g), 1 kleine Zwiebel, 1 Bio-Limette, 10 g Ghee, 2 TL Currypulver, 400 ml Kokosmilch, ½ TL Salz, 80 g Bulgur, ½ Bund Koriander

UNTERS MESSER

- Süßkartoffeln schälen und in ca. 2 cm große Würfel schneiden. Brokkoli putzen, waschen und in einzelne Röschen teilen, den Stiel schälen und fein würfeln.
- Die Zwiebel schälen und fein hacken.
- Die Limette heiß waschen und halbieren. Eine Hälfte in feine Scheiben schneiden, aus der zweiten Hälfte den Saft auspressen.

IN DEN TOPF

Ghee in einem Topf erhitzen, Zwiebel darin anschwitzen. Currypulver und Süßkartoffeln dazugeben und kurz mitbraten. Mit Kokosmilch ablöschen. Limettensaft und Salz dazugeben und alles 5 Min. köcheln lassen. Brokkoliröschen, 100 ml Wasser und Bulgur hinzufügen und alles abgedeckt bei schwacher Hitze 10 Min. weiterköcheln.

AUF DEN TISCH

- Inzwischen den Koriander waschen und trocken schütteln, die Blätter abzupfen und fein hacken.
- Das Curry zum Servieren mit Brokkolistielwürfeln, Koriander und Limettenscheiben garnieren.

SCHMORGEMÜSE

mit Orange und Aubergine

Lust auf einen Kurzurlaub im Orient? Dieses schnelle Schmorgemüse steckt voller Morgenlandaromen und schmeckt auch kalt als erfrischender Sommersalat.

2
PERSONEN

35
MIN. ZUBEREITUNG

400
KCAL PRO PORTION

ZUTATEN

1 Aubergine, 1 TL Salz, 1 rote Zwiebel, 1 Stiel Minze, 5 Stiele Basilikum, 2 Bio-Orangen, 100 g Quinoa, 3 EL Olivenöl, 1 TL Zatar (nordafrikan. Gewürzmischung; oder Ras-el-Hanout), 1 Msp. Chilipulver

VORBEREITEN

➥ Aubergine putzen, waschen und in ca. 2 cm
  große Würfel schneiden. In einer Schüssel mit
  dem Salz mischen und 10 Min. ziehen lassen.
➥ Die Zwiebel schälen und längs achteln.
➥ Minze und Basilikum waschen und trocken
  schütteln, die Blätter abzupfen.
➥ 1 Orange heiß waschen und trocken reiben,
  die Schale fein abreiben. Beide Orangen halbieren und den Saft auspressen.
➥ Ein Viertel des Orangensafts mit Minze und
  Basilikum fein pürieren.
➥ Die Auberginenwürfel mit Küchenpapier gut
  trocken tupfen.

SANFT SCHMOREN

➥ Die Quinoa in einem Sieb unter fließendem heißem
  Wasser gründlich waschen. Mit 200 ml Wasser in
  einem Topf aufkochen und zugedeckt bei schwacher
  Hitze 10 Min. köcheln lassen. Dann vom Herd nehmen und 10 Min. ausquellen lassen.
➥ In einer beschichteten Pfanne 2 EL Öl erhitzen und
  die Auberginenwürfel darin rundum 8 Min. goldbraun braten. Das übrige Öl und die Zwiebel dazugeben und alles 2 Min. weiterbraten.
➥ Mit dem restlichen Orangensaft ablöschen. Orangen-
  schale, Zatar und Chilipulver unterrühren. Zugedeckt
  bei mittlerer Hitze 5 Min. schmoren.

IN DIE SCHALEN

Die Orangensaft-Kräuter-Mischung unter die
Quinoa rühren und diese mit dem Schmorgemüse in zwei Schalen anrichten. Nach Belie-
ben mit Basilikumblättern servieren.

BLUMENKOHLBURGER

in Naan-Brot

India likes Burger! Deshalb gibt es hier einen Blumenkohlburger in Naan-Brot. Wer das Brot nicht bekommt, nimmt stattdessen Pitataschen oder einfach sein Lieblingsbrötchen.

2
PERSONEN

30
MIN. ZUBEREITUNG
+ 30 MIN. KOCHEN

580
KCAL PRO STÜCK

ZUTATEN

50 g Amarant, ½ kleiner Blumenkohl (ca. 300 g), 1 Knoblauchzehe, ½ Bund Koriander, 1 Stiel Minze, ⅓ Salatgurke, 25 g Mehl, ½ TL Salz, 100 g Frischkäse, Pfeffer, 2 EL Ghee, 1 TL Garam Masala (ind. Gewürzmischung), 2 Naan-Brote

BE PREPARED

➡ Den Amarant in einem feinen Sieb unter fließendem heißem Wasser waschen. Mit 150 ml Wasser in einem Topf aufkochen und zugedeckt bei schwacher Hitze 30 Min. köcheln lassen. Dann auskühlen lassen.

➡ Inzwischen den Blumenkohl waschen. Von der Strunkseite zwei 1 ½ cm dicke Scheiben abschneiden, den restlichen Blumenkohl grob zerteilen.

➡ Knoblauch schälen. Koriander und Minze waschen, Minzeblätter abzupfen und fein hacken. Gurke waschen, längs halbieren, entkernen und fein würfeln.

LET'S MIX

Koriander und Knoblauch im Blitzhacker fein hacken. Blumenkohlstücke dazugeben und weitermixen, bis erbsengroße Brösel entstanden sind. Mehl, Amarant und Salz mit einer Gabel untermengen. Die Blumenkohl-Masse mithilfe eines Servierrings (9 cm Ø) auf Frischhaltefolie zu 2 Pattys formen. Den Frischkäse mit Gurkenwürfeln und Minze gut verrühren, mit Pfeffer und Salz würzen.

BURGER BAUEN

➡ Eine Pfanne erhitzen, mit Backpapier auslegen und 1 EL Ghee daraufgeben. Die Pattys im Ghee bei mittlerer Hitze auf jeder Seite 10–12 Min. braten.

➡ Nach dem Wenden der Pattys das restliche Ghee in einer zweiten Pfanne erhitzen und die Blumenkohlscheiben darin auf jeder Seite 5–6 Min. kross braten, dabei 2 Min. vor Garzeitende mit Garam Masala bestreuen.

➡ Die Brote jeweils waagerecht halbieren und kurz im Toaster rösten. Beide Hälften mit Gurkencreme bestreichen. Je 1 Blumenkohlscheibe und 1 Patty auf die Unterhälften legen und mit den Oberhälften abdecken.

Der Amarant kann auch am Vortag gekocht werden, dann ist der Burger in 30 Min. fertig!

KURKUMA-DRINK

mit Cashew und Zimt

Kurkuma wird auch „Zauberknolle" oder „Gewürz des Lebens" genannt. Dieser Drink mit Couscous und Zimt weckt morgens die Lebensgeister und zaubert jedem ein Lächeln ins Gesicht.

2
PERSONEN

10
MIN. ZUBEREITUNG

270
KCAL PRO PORTION

ZUTATEN

1 haselnussgroßes Stück Ingwer, 1 haselnussgroßes Stück Kurkuma, ½ l Cashewdrink (oder Mandeldrink), 1½ TL Zimtpulver, 2 TL Honig, 2 EL Cashewmus (oder Mandelmus), 20 g Couscous, 2 Spritzer Zitronensaft

ALLES BEREIT?

➪ Den Ingwer und die Kurkuma schälen und fein reiben.

➪ Cashewdrink mit Ingwer, Kurkuma, 1 TL Zimt, Honig und Cashewmus in einem Topf einmal aufkochen.

FEIN GEMIXT

➪ Den Couscous in die Cashewdrink-Mischung geben und 5 Min. quellen lassen.

➪ Anschließend pürieren und mit dem Zitronensaft abschmecken. In zwei Tassen oder Gläser füllen und mit dem restlichen Zimtpulver bestäuben.

VERWANDLUNGSKÜNSTLER

Dieser Drink lässt sich nach Herzenslust abwandeln. Er schmeckt mit Milch, aber auch mit Haselnuss- oder Haferdrink. Statt Zimt passt auch Vanille oder etwas Tonkabohne und wer mehr Zeit hat, kann statt Couscous in dem Drink Hirse 5 Min. aufkochen und 10 Min. quellen lassen. Besonders fein: statt Zitronensaft frisch gepressten Orangensaft verwenden.

COUSCOUS-PANCAKES

mit Heidelbeeren

Pancakes mit cremigem Couscous – unverschämt lecker! Da lohnt es sich doch glatt, die doppelte oder dreifache Menge Teig zuzubereiten und die Pancakes einzufrieren.

2 PERSONEN

35 MIN. ZUBEREITUNG

370 KCAL PRO PORTION

ZUTATEN

30 g Butter, 10 g Couscous, 100 g Heidelbeeren, 75 g Mehl, 10 g Zucker, 7 g Backpulver, 100 ml Milch, 1 Ei, Ahornsirup zum Beträufeln

COOL DOWN

- Die Butter in einer beschichteten Pfanne zerlassen und anschließend abkühlen, jedoch nicht wieder fest werden lassen.
- Den Couscous in einer Schüssel mit 40 ml kochend heißem Wasser übergießen und quellen lassen, bis die Masse abgekühlt ist.
- Die Heidelbeeren verlesen, waschen und trocken tupfen.

SCHNELL JETZT!

- Mehl, Zucker und Backpulver vermengen. Die Mischung gründlich unter den Couscous mischen.
- Die Milch mit dem Ei und der Butter verquirlen und zügig unter die Couscous-Mehl-Masse rühren.

> Mit TK-Heidelbeeren klappt die Zubereitung auch. Oder zur Abwechslung mal Apfel- oder Schokostückchen nehmen.

BITTE WENDEN!

Aus dem Teig in einer beschichteten Pfanne ohne Fett portionsweise kleine Pancakes ausbacken. Dafür die Pfanne erhitzen. Pro Pancake 1 EL Teig hineingeben und einige Heidelbeeren darauf verteilen. Pancakes bei mittlerer Hitze 1–2 Min. braten, bis der Teig anfängt, kleine Blasen zu bilden. Wenden und weitere 1–2 Min. fertig braten. Zum Servieren mit Ahornsirup beträufeln.

AMARANT-BARS

mit Pfirsich

Erinnert ein bisschen an Milchschnitte, ist aber viel gesünder. Und statt der Extraportion Milch gibt es die Extraportion Ballaststoffe und Vitamine.

14
STÜCK

20
MIN. ZUBEREITUNG
+ 30 MIN. KOCHEN
+ 35 MIN. BACKEN

150
KCAL PRO STÜCK

ZUTATEN

60 g Amarant, 100 g getrocknete Aprikosen, 2 EL Agavendicksaft, 50 g Zucker, 60 g Mandelmus, 50 g Haferflocken, 1 EL Mehl, 175 g Doppelrahm-Frischkäse, 2 kleine Pfirsiche (ca. 225 g; oder Kakis)

AMARANT GAREN

Den Amarant in einem feinen Sieb unter
fließendem heißem Wasser waschen. Mit
180 ml Wasser in einem Topf aufkochen
und zugedeckt bei schwacher Hitze
30 Min. köcheln lassen. Von der Herdplatte
nehmen und 10 Min. ausquellen lassen.

FRISCH GEBACKEN

➥ Inzwischen die Aprikosen in feine Würfel
schneiden. Agavendicksaft und Zucker in einem
Topf erhitzen, bis der Zucker sich auflöst. Von
der Herdplatte nehmen und das Mandelmus
unter die Zuckermischung rühren.

➥ Den Backofen auf 170 °C vorheizen. Eine Auflauf-
form (23 × 16 cm) mit Backpapier auslegen.

➥ Amarant, Aprikosen, Haferflocken und Mehl unter die Zucker-Masse rühren. Die Masse in der
Form verteilen und gleichmäßig glatt streichen.
Im Ofen (Mitte) 35 Min. backen. Herausnehmen
und in der Form auskühlen lassen.

HÜBSCH MACHEN

➥ Mit der kross gebackenen Seite nach unten
auf eine Platte stürzen, vollständig auskühlen
lassen und mit dem Frischkäse bestreichen.

➥ Die Pfirsiche waschen, entsteinen, in feine
Scheiben schneiden und diese leicht über-
lappend auf den Frischkäse legen. Mindes-
tens 3 Std. kühl stellen und zum Servieren in
14 Streifen schneiden.

COUSCOUS-MUFFINS

mit Birne und Orangensaft

Überraschung! Hier kommen saftige Muffins, in denen sich Couscous versteckt. Sie schmecken auch mit Pflaumen, Äpfeln, Pfirsichen, Kirschen, Brombeeren, Johannisbeeren, Himbeeren …

12
STÜCK

15
MIN. ZUBEREITUNG
+ 30 MIN. BACKEN

220
KCAL PRO STÜCK

ZUTATEN

120 g Butter, 1 Birne, 200 g Vanillejoghurt, 150 ml Orangensaft, 200 g Mehl, 50 g Couscous, ½ TL Natron, 2 TL Backpulver, 2 Eier, 100 g Vollrohrzucker

VORBEREITEN

⇨ Den Backofen auf 160 °C vorheizen. Die Mulden eines 12er-Muffinblechs mit 20 g Butter fetten.

⇨ Die Birne schälen, vierteln, entkernen und in feine Würfel schneiden.

⇨ Die restliche Butter in einem Topf zerlassen, dann mit Joghurt und Orangensaft verrühren. Mehl, Couscous, Natron und Backpulver in einer Schüssel gut vermengen.

RÜHREN

Eier und Zucker mit den Quirlen des Handrührgeräts 3 Min. schaumig schlagen, dann die Joghurt-Butter-Masse vorsichtig unterrühren und zuletzt die Mehlmischung zügig unterheben.

> Etwas Crunch gefällig?
> 50 g Butter, 50 g Mehl, 40 g Couscous und 50 g Rohrrohrzucker verkneten und vor dem Backen über die Muffins streuen.

GOLDBRAUN BACKEN

Den Teig gleichmäßig in die Mulden des Blechs verteilen. Die Muffins im Ofen (Mitte) 25–30 Min. backen (Stäbchenprobe!). Aus dem Ofen nehmen und im Blech ca. 5 Min. abkühlen lassen, danach herauslösen und vollständig auskühlen lassen.

REGISTER

JUST DELICIOUS

© 2018 ZS Verlag GmbH
Kaiserstraße 14 b
D-80801 München
ISBN: 978-3-89883-792-7

1. Auflage 2018

Projektleitung: Kathrin Ullerich
Rezepte & Texte: Sarah Schocke
Lektorat: Karin Kerber
Grafische Gestaltung:
kral & kral design, München,
Julia Arzberger, Catharina Burmester
Covergestaltung: Johanna Höflich
Fotografie: Coco Lang
Foodstyling: Sven Dittmann
Illustrationen: Shutterstock
Herstellung: Frank Jansen
Producing: Jan Russok
Druck & Bindung:
optimal media GmbH, Röbel

Im Buch enthaltene Fotos können zur eigenen Nutzung
erworben werden unter www.stockfood.com

Die ZS Verlag GmbH ist ein Unternehmen
der Edel AG, Hamburg.
www.zsverlag.de | www.facebook.com/zsverlag

Auf den Geschmack gekommen?